Chiara Doran

Einfach cool bleiben

GROH

Wozu sich aufregen
und unnötig
Energien verschwenden?
Einfach cool bleiben
– dann läuft's!

cool bleiben

Manchmal fällt
es nicht leicht,

Haltung zu bewahren ...

wenn andere einen
so richtig provozieren

oder offenkundig

beleidigen.

Wenn **Kollegen** die **Klappe** viel zu weit **aufreißen,**

um einen dann durch
unqualifizierte
Bemerkungen zu schocken,

sich von ihrer **besten**
Seite zeigen

oder vor Engagement
geradezu übersprudeln.

Wenn die einen ihre Ohren überall haben

und einem die besten Ideen
aus der Nase ziehen,

um sie dann
ganz cool
beim Boss

selbst zu
präsentieren,

und die anderen sich lauthals
mit ihren Erfolgen brüsten

und sofort abtauchen,
wenn's schwierig wird.

Wenn auch noch beim Meeting
dicke Luft ist,

man **angegiftet** wird,

stumpfsinnig-ratlose Geister

einem den letzten
Nerv rauben

und man bereits **beginnt,**
Erscheinungen der
3. Art zu haben

oder sich **doppelt** zu **sehen,**

dann hängt
einem schon
mal alles
zum Hals
raus.

Man würde
am **liebsten**
seinem **Ärger**
lautstark
Luft machen.

Oder jeden
zum Kampf
herausfordern

und ohne
Zögern zum
Angriff
übergehen.

Man könnte auch
gemeine
Köder legen,

um den
anderen
ganz schön alt
aussehen
zu lassen.

Den Kollegen kaltblütig zu Lakaiendiensten degradieren

und ganz relaxed seine Reaktion testen.

Oder genauso
aufgeblasen daherkommen

und ihm
klarmachen,
dass er in Wirklichkeit
ein armes
Würstchen ist.

Der Gedanke an eine Revanche verschafft Genugtuung

und man
behält einen
kühlen Kopf.

Man betrachtet
die Sache einmal
nüchtern und
emotionslos

und bleibt
einfach cool.

Locker beweist man
sein dickes Fell

und lässt sich durch nichts
aus der Ruhe bringen.

Man findet gelassen
klare Worte

oder zeigt dem **Kollegen** eine Weile die **kalte Schulter.**

Am **besten** ist es, einfach
über den Dingen
zu **stehen,**

sich köstlich über die Peinlichkeiten anderer zu amüsieren

und lässig Größe zu zeigen –

dann ist man für alle Fälle
bestens gewappnet.

Das beste Rezept
für jede
Lebenslage ist: Einfach
cool bleiben!

cool bleiben

happy days

Über die Autorin:

Chiara Doran, geboren 1973 in Mailand, verbrachte als Tochter einer Italienerin und eines Deutschen ihre Kindheit teils in Italien, teils in Deutschland. Nach ihrem Abitur studierte sie Romanistik, Publizistik und Literaturwissenschaft in Rom und München. Schon früh begann sie, sich aktiv für den Tierschutz einzusetzen. Seit einigen Jahren arbeitet sie als freie Journalistin und gibt nun mit der Tierbuchreihe „Happy Days" ihr Debüt als Schriftstellerin. Dass sie mit viel Spaß und Humor bei der Sache ist, beweisen diese Bücher auf jeder Seite. Chiara Doran lebt heute mit ihrem Mann und ihrer kleinen Tochter in der Nähe von Berlin.

In ähnlicher Ausstattung gibt es im Groh Fotokunst Verlag aus der Reihe Happy Days die Bücher:

We are best friends (ISBN 3-89008-485-0)
Don't worry, be happy (ISBN 3-89008-487-7)
Have a nice day (ISBN 3-89008-486-9)
Miss you like crazy (ISBN 3-89008-488-5)

Idee und Konzept: Groh Fotokunst Verlag.

Grafik: heinz kraxenberger konzept & design, Tanja Reiner
münchen-unterföhring

ISBN 3-89008-484-2

Wörthsee bei München / www.groh.de

Bildnachweis:

Titel, Rückseite, S. 1 und 47:
Thomas D. Mangelsen / P. Arnold, Inc. / Okapia;
S. 3: AGE / Mauritius;
S. 4: IFA / AP & F;
S. 5: IFA / Uwe Walz;
S. 6: Doug Scott / AGE / Mauritius;
S. 7, 20, 22, 36, 41, 42 und 45: IFA / BCI;
S. 8: IFA / Christoph Becker;
S. 9, 26 und 29: Siegfried Kuttig;
S. 10: Juniors / CKS;
S. 11: Kevin Schafer / P. Arnold, Inc. / Okapia;
S. 12: IFA / Martin Rügner;
S. 13 und 21: Fred Bruemmer / P. Arnold, Inc. / Okapia;
S. 14 und 34: IFA / Ron Kimball;
S. 15: IFA / Michael Willemeit;
S. 16: Claude Balcaen / BIOS / Okapia;
S. 17: Christian Bauer / f1 online;
S. 18: Alain Torterotot / BIOS / Okapia;
S. 19: Jacana / Schuster / f1 online;
S. 23: NAS / Anthony Mercieca / Okapia;
S. 24, 30 und 39: Arco / P. Wegner;
S. 25 und 28: Manfred Mothes / f1 online;
S. 27: NAS / Tim Davis / Okapia;
S. 31: Dieter Höll / f1 online;
S. 32: Carol Buchanan / f1 online;
S. 33: Nonstock / Mauritius;
S. 35: Michael Deyoung / AGE / Mauritius;
S. 37: IFA / TPLD;
S. 38: IFA / E. Pott;
S. 40: NAS / Rod Planck / Okapia;
S. 43: IFA / Franz Aberham;
S. 44: IFA / Weststock.